# Coffee & Espresso

ZABERT
SANDMANN

# Inhalt

# Geschichte des Kaffees

## Der Siegeszug der braunen Bohne

1

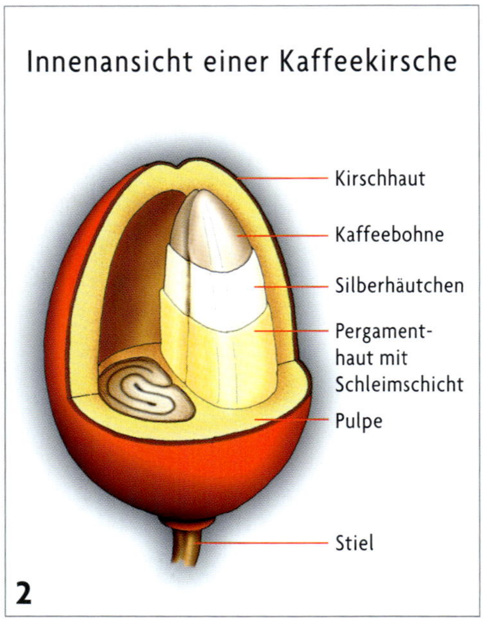


2

3

4

5

Einer von vielen Legenden zufolge soll die berauschende Wirkung der Kaffeebohne von einer Ziegenherde entdeckt worden sein, die von den Früchten des Kaffeestrauchs geknabbert hatte und in der Nacht keine Ruhe gab. Nachweisen lässt sich hingegen, dass die Urheimat des Kaffeestrauchs im Hochland von Äthiopien (Abessinien) in der Provinz Kaffa gelegen hat. Das Wort Kaffee leitet sich nicht, wie zu vermuten wäre, von der Provinz Kaffa ab, sondern vom altarabischen *qahwah*. Seit Mitte des 15. Jahrhunderts scheint in Arabien Kaffee getrunken worden zu sein. Die Türken sorgten nach der Eroberung der arabischen Halbinsel um 1517 für die weitere Verbreitung des Kaffees. Aber wohl erst mit den venezianischen Kaufleuten, die Anfang des 17. Jahrhunderts Kaffeebohnen aus der jemenitischen Hafenstadt Mokka mitbrachten, setzte sich der Kaffee auch in Europa durch. Die Holländer begannen mit dem Anbau der Pflanzen 1658 auf Ceylon, dessen Tropenklima sich für das Wachstum als günstig erwies. Aufgrund der großen Nachfrage als Handelsware wurde die Kaffeepflanze bis 1800 von den Kolonialmächten in alle Gebiete der Welt gebracht, die für den Anbau geeignet erschienen.

### Anbaugebiete und Ernte

Im so genannten Kaffeegürtel entlang des Äquators – zwischen den Wendekreisen des Krebses und des Steinbocks – findet der Kaffee ideale Wachstumsbedingungen. Alle Arten der Kaffeepflanze (Gattung Coffea) haben ihren Ursprung in Afrika. Zu den wichtigsten zählen Arabica, die auch am längsten bekannt ist, und Robusta, die erst 1889 entdeckt wurde. Weniger geläufig sind Excelsa und Liberica, die nur in einigen Ländern Afrikas vorkommen. Mehr als 70 % des heute weltweit geernteten Kaffees stammen von Arabica-Pflanzen, die in Brasilien, Kolumbien, Mexiko und den Staaten Zentralamerikas angebaut werden (siehe Bild 1, Kaffeeplantage in Costa Rica). Die kälteempfindlichere Robusta gedeiht am besten an der Elfenbeinküse, in Indonesien, Brasilien und Uganda. Als die feinere der beiden Sorten gilt die Arabica. Sie enthält nur halb so viel Coffein wie Robusta. Etwas rauer und bitterer im Geschmack ist die Robusta. Die Coffea-Pflanze ist eigentlich ein Baum, wird aber durch Rückschnitt strauchförmig gehalten, um das Ernten der Früchte von Hand zu erleichtern (siehe Bild 3). Die Farbe der Früchte, die streng genommen Kirschen sind, wechselt in der Reifezeit von grün über gelb zu rot (siehe Bild 4). Die reife Frucht hat eine rote oder gelbe Haut, die die Pulpe – das weiche Fruchtfleisch – umschließt (siehe Bild 2). Darin sind meist zwei Samen (Bohnen) enthalten. Jeder meisten Früchte reif sind und streift sie alle gemeinsam vom Strauch (siehe Bild 5). Unreife und überreife Kirschen werden danach zwar aussortiert, die ungleichmäßige Zusammensetzung kann sich aber auf die Qualität auswirken. Diese Erntemethode wird für die trockene Aufbereitung eingesetzt. 3 bis 5 Wochen auf betoniertem Untergrund zum Trocknen ausgebreitet und dabei mehrfach gewendet, bis sich die Bohnen mithilfe von Maschinen vom Fruchtfleisch lösen lassen. Im letzten Stadium, der Häutung, entfernen Schälmaschinen die blassgelben Bohnen von Pergament- und Silberhaut.

6

7

8



Samen wird von einer dünnen Schale, dem Silberhäutchen, geschützt und außerdem noch von einer blassgelben Hülle, der Pergamenthaut, umgeben. Kaffeepflanzen bringen erst nach 3 bis 4 Jahren erste Erträge und von der Befruchtung der Blüte bis zur Reifezeit vergehen meist 6 bis 8 Monate bei der Arabica und sogar 9 bis 11 Monate bei der Robusta. Ein ausgewachsener Kaffeebaum trägt maximal zwischen 5 bis 8 Kilogramm Kaffeekirschen (ergibt 1 bis 2 Kilo Bohnenkaffee). Für Qualitäts- und Spitzenkaffees werden nur die reifen Kirschen von Hand gepflückt. Das selektive Pflücken wird alle 8 bis 10 Tage wiederholt, bis alle reifen Früchte abgeerntet sind. Diese Erntemethode wird vornehmlich bei der Arabica angewandt, die später nass aufbereitet wird. Bei der Stripping-Methode wartet man, bis die

## Von der Kirsche zur Bohne

Die Weiterverarbeitung der Bohne muss schnell gehen, weil die Früchte nicht lange lagerfähig sind. Als erstes werden Häute und Pulpe von den Bohnen getrennt. Das geschieht mit der so genannten nassen und trockenen Aufbereitung. Bei der nassen Aufbereitung, die bei den handgepflückten Bohnen zur Anwendung kommt, wird das Fruchtfleisch in einer Maschine, dem Pulper, von den Bohnen gequetscht (siehe Bild 6). Dazu benötigt man viel Wasser, was nicht in allen Anbaugebieten ausreichend zur Verfügung steht. Nassaufbereitung ist die aromaschonendere Methode. Anschließend werden die Bohnen in einem mehrstündigen Fermentationsprozess von den letzten Schleimrückständen befreit. Bei der zweiten Methode werden die Früchte etwa

Danach haben die Bohnen eine silbergraue bis silberblaue oder grüne Farbe. Für die abschließende Klassifizierung werden sie nochmals gesichtet und sortiert und in Säcke gefüllt für den Transport bereit gemacht. Um die etwa 800 Aromastoffe, die in einer Bohne stecken, zur Entfaltung zu bringen, muss die Bohne geröstet werden. Das Rösten wie das Mischen der Bohnen, das vor oder nach dem Rösten geschehen kann, obliegt den großen Kaffeeröstereien im Importland, um ein möglichst frisches Aroma zu gewährleisten. In Trommelröstern (Bild 7) können in wenigen Minuten mehrere Tonnen Kaffeebohnen geröstet werden. Wichtig dabei ist, dass alle Bohnen gleichzeitig erhitzt werden. Erst danach ist aus einer roten Kirsche eine braune Bohne (siehe Bild 8) geworden.

# Von Corretto bis Verkehrt

## Berühmte Kaffeeklassiker

Für den einen ist es unvorstellbar, den Tag ohne eine Tasse frisch gebrühten, heißen Filterkaffee zu beginnen. Der andere liebt es, in der gemütlichen Atmosphäre eines Wiener Kaffeehauses bei einem Braunen oder einer Melange sich in Ruhe seiner Zeitung widmen zu können. Für den Franzosen gehört zum Frühstück ein großer Milchkaffee, der Italiener trinkt mal eben im Vorübergehen an der Bar einen »Schnellen« (Espresso). So abwechslungsreich sich der Kaffeegenuss in den verschiedenen Kulturen entwickelt hat, so groß ist inzwischen die Auswahl an dem, was sich aus Kaffee alles zubereiten lässt. Gemeinsam ist allen das unvergleichliche Aroma.



### Spezialitäten aus aller Welt

**BICERIN:** ein Drittel Kaffee, ein Drittel Schokolade und ein Drittel Sahne; aus Turin
**BIEDERMEIER:** großer Mokka mit Aprikosenlikör und Schlagsahne (Österreich)
**BRAUNER:** österreichische Bezeichnung für schwarzen Kaffee mit Milch; klein oder groß
**CAFÉ AU LAIT:** französischer Milchkaffee, bei dem der Milchanteil überwiegt
**CAFÉ BRÛLOT:** flambierter Kaffee mit einer Mischung aus Cognac, Gewürzen und Zucker
**CAFÉ CRÈME:** französischer Espresso mit Milch, ähnlich dem Cappuccino
**CAFÉ LIÉGOIS:** französischer Eiskaffee mit Vanilleeis und Sahne
**CAFÉ NATURE:** französische Bezeichnung für einen schwarzen Kaffee
**CAFÉ SERRÉ:** französischer Espresso, der nur mit sehr wenig Wasser zubereitet wird
**CAFÉ VIENNOIS:** heißt in Frankreich der österreichische Einspänner
**CAFFÈ AMERICANO:** mit Wasser verlängerter Espresso; aus Amerika, inzwischen auch in Italien gebräuchlicher Ausdruck
**CAFFÈ CON PANNA:** Lungo mit geschlagener Sahne
**CAFFÈ CORRETTO:** Espresso mit einem Schuss Grappa
**CAFFÈ LATTE:** italienischer Milchkaffee
**CAFFÈ LUNGO:** mit Wasser verlängerter Espresso
**CAFFÈ MACCHIATO:** macchiato bedeutet »gefleckt«; ein Espresso mit wenig Milch
**CAFFÈ NERO:** schwarzer Kaffee

1

**CAPPUCCINO (3):** Espresso mit einer Kapuze (»cappuccio«) aus aufgeschäumter Milch
**CAPPUCCINO CON PANNA:** Cappuccino statt mit Milchschaum mit Sahnehaube
**CREMAT (1):** katalanischer Kaffee mit Rum und Zucker
**DOPPIO:** doppelter Espresso
**EINSPÄNNER:** schwarzer Kaffee oder Mokka im Glas mit Schlagsahne (Österreich)
**FIAKER:** Espresso oder Mokka mit Rum oder Cognac im Glas mit Schlagsahne (Schlagobers), wie der Einspänner serviert
**FRANZISKANER:** sehr helle Melange mit Schlagobers (Schlagsahne)
**HOT SHOT (5):** heißer Espresso mit Likör und Sahne

**IRISH COFFEE (4):** heißer Kaffee, Zucker und Whiskey, mit halb geschlagener Sahne
**KAFFEE FERTIG:** Kaffee mit Schnaps oder Obstler, wird in der Schweiz so getrunken wie hierzulande ein Grog
**KAFFEEKASK:** in Schweden beliebter Kaffee, der mit Aquavit verfeinert wird
**KAFFEE KOMPLETT:** zum Braunen oder zur Melange wird ein Kipferl serviert
**KAFFEE PFLÜMLI:** schwarzer Kaffee mit Pflaumenschnaps (Pflümli), wahlweise mit Schlagsahne serviert
**KAFFEE VERKEHRT:** sehr heller Milchkaffee, mehr Milch als Kaffee (Österreich)
**KAHVE (6):** türkischer Kaffee; mit Wasser, Zucker und Kaffeepulver im »cezve« mehrfach aufgekocht
**KAISERMELANGE:** Schwarzer mit geschlagenem Eigelb und Honig oder Zucker verquirlt
**KAPUZINER:** großer Schwarzer mit einem Schuss Milch oder Schlagsahne (Österreich)
**KONSUL:** mit kaltem Wasser gestreckter Schwarzer
**LATTE MACCHIATO:** Milch mit etwas Kaffee
**MARIA THERESIA:** ein Mokka mit einem Schuss Orangenlikör (Österreich)
**MARILOMAN:** heißer Mokka mit Cognac (Österreich) oder abgewandelt Espresso mit Cointreau (2)
**MAROCCHINO:** Variante des Caffè macchiato mit etwas Kakao
**MAZAGRAN (1):** gesüßter und mit Eis gekühlter Mokka mit Maraschino und Rum
**MELANGE:** österreichische Variante des Milchkaffees; halb Kaffee, halb heiße Milch, mit viel Milchschaum serviert. Kommt auch ohne Milchschaum vor
**MOKKA:** österreichischer kleiner Schwarzer, der besonders stark ist
**OBERMAYER:** nach einem Wiener Philharmoniker benannter großer Schwarzer, mit einer dünnen Schicht kalter Sahne

**5**

**PHARISÄER:** heißer Kaffee mit Zucker, Kakao und Rum, mit Schlagsahne garniert
**RISTRETTO:** Espresso mit sehr wenig Wasser
**SCHÜMLI:** Schweizer Kaffee, frisch gemahlen und in einer Dampfdruckmaschine wie Espresso zubereitet. Heißt nur hierzulande Schümli (Schäumchen). In der Schweiz ist es der »normale« Kaffee.
**SCHWARZER:** Kaffee pur ohne Milch oder Schlagsahne (Österreich)
**VERLÄNGERTER:** mit heißem Wasser zum »großen« verlängerter kleiner Schwarzer

**6**

# Step by Step
## Espresso, Cappuccino & Co.



Die italienische Kunst der Kaffee-Zubereitung hat sich hierzulande schon fast zu einem Kult entwickelt. Wer auch zu Hause nicht auf Espresso, Cappuccino und Latte macchiato verzichten will, kann mit der richtigen Ausstattung ganz einfach in den Genuss kommen. Es muss nicht gleich die riesige Profi-Kaffeemaschine sein. Mit einer kleinen Espressokanne und einem Milchaufschäumer für den Herd lässt sich die ganze Palette der italienischen Kaffeespezialitäten selbst zubereiten. Der Milchaufschäumer macht aus Milch ruckzuck echten Milchschaum. Die heiße Milch wird dabei durch einen Siebeinsatz gedrückt und das Milcheiweiß so schön schaumig geschlagen. Einfach genial! Jetzt fehlen nur noch die passenden Tassen oder Gläser, um den kleinen Espresso stilvoll zu servieren, das Ganze mit aufgeschäumter Milch zum Cappuccino zu verlängern oder mit viel Milchschaum zum Latte macchiato zu krönen. Als Abschluss eines gelungenen Abendessens gehört der Espresso einfach dazu. Ganz klassisch ist er stark und heiß. Etwas weniger klassisch, dafür um so raffinierter, kommt er aus dem Tiefkühlfach – als Granité.

### Espresso zubereiten

**1** Espressokanne aufschrauben und mit der entsprechenden Menge Wasser füllen. Das Ventil nicht mit Wasser bedecken.

**2** Das Sieb in das untere Kannenteil setzen. Pro Tasse 1 TL Espressopulver einfüllen, glatt streichen, aber nicht andrücken.

**3** Den Rand des Siebes säubern, das Oberteil fest darauf schrauben und die Kanne auf den Herd stellen.

**4** Die Kanne auf der Herdplatte erhitzen und warten, bis der Espresso aus dem Steigrohr tropft. Espresso umrühren.

**5** Espressotassen vorwärmen und den Espresso mit einem Schwung in die heißen Tassen füllen. Sofort servieren.

**6** Die abgekühlte Kanne auseinander schrauben und das Sieb vorsichtig ausklopfen. Spülen und gut austrocknen.

## Latte macchiato zubereiten

**1** Das Sieb des Milchaufschäumers aus der Kanne nehmen. Die Kanne zu einem Drittel mit Milch füllen und erhitzen.

**2** Die Milch nicht kochen lassen. Das Sieb wieder in die Kanne setzen und schnell auf und ab bewegen.

**3** Den Milchschaum in Latte-macchiato-Gläser füllen. Langsam etwas fertigen Espresso in die heiße Milch gießen.

**4** Der Latte macchiato sollte schön geschichtet sein: hell-, dunkelbraun und weiß. Schaum mit Kakaopulver bestäuben.

## Kaffeegranité zubereiten

**1** 75 g Zucker mit 250 ml Wasser aufkochen und etwa 1 Minute sprudelnd kochen lassen. Abkühlen lassen und mit 250 ml doppeltem Espresso mischen.

**2** Die Mischung in eine flache Schale füllen und 2 Stunden ins Gefrierfach stellen. Dabei 2- bis 3-mal umrühren, damit sich keine Eiskristalle bilden.

## Muffins backen

**1** In die Vertiefungen der Muffinform passende Papierbackförmchen setzen oder die Form fetten und mit Mehl bestäuben.

**2** In einer großen Schüssel alle trockenen Zutaten vermischen. Die feuchten Zutaten in einer zweiten Schüssel verrühren.

**3** Die feuchten zu den trockenen Zutaten geben. Das Ganze nur kurz mit den Schneebesen des Handrührgeräts verrühren.

**4** Den Teig in die Muffinvertiefungen geben. Die Vertiefungen dabei höchstens zu drei viertel mit dem Teig füllen.

# Heißes & Kaltes

# Orangenkaffee und Kaffeepunsch

Besonders für kalte Tage: Zum Magen- und Seelenwärmer wird das schwarze Heißgetränk erst richtig mit etwas Hochprozentigem

## Zutaten

Für den Orangenkaffee:

1 unbehandelte **Orange**

6 **Gewürznelken**

3 EL brauner **Zucker**

300 ml heißer, starker **Kaffee**

4 cl **Cointreau**

100 g **Sahne**

Für den Kaffeepunsch:

2 EL **Rosinen** · 4 EL **Rum**

2 frische **Eigelb**

2–3 EL **Ahornsirup**

6 EL **Milch** · 2 EL **Sahne**

250 ml heißer, starker **Kaffee**

2 EL **Vanilleeis**

## Zubereitung

FÜR 2 PERSONEN

1 Für den Orangenkaffee die Orange heiß waschen und trockenreiben. Für die Garnitur etwas Orangenschale abreiben und beiseite stellen. 2 dicke Scheiben aus der Mitte der Orange schneiden, den Rest der Orange auspressen. Die Orangenscheiben mit den Gewürznelken spicken.

2 Zucker in einen kleinen Topf geben und leicht karamellisieren lassen. Die gespickten Orangenscheiben dazugeben und mit dem frisch gepressten Orangensaft ablöschen. Das Ganze etwa 3 Minuten köcheln lassen, bis die Flüssigkeit sirupartig eingedickt ist. Den Kaffee und den Cointreau dazugeben und vermischen.

3 Die Sahne steif schlagen. Den Kaffee in 2 große Punschgläser gießen. Mit einem Löffel vorsichtig eine Sahnehaube darauf setzen und mit der Orangenschale garnieren.

4 Für den Kaffeepunsch die Rosinen in 2 Esslöffeln Rum einweichen und mindestens 1 Stunde ziehen lassen.

5 Das Eigelb mit Ahornsirup, Milch und Sahne im heißen Wasserbad mit einem Schneebesen schaumig aufschlagen. Kaffee und den restlichen Rum dazugeben und noch kurz weiterschlagen.

6 Das heiße Getränk in hohe Punschgläser geben. Je 1 Esslöffel Vanilleeis auf den Kaffee geben und die Rumrosinen darauf streuen.

# Orientalischer Kaffee
## mit Gewürzen

### Zubereitung
FÜR 2 PERSONEN

1 Milch und 100 ml Wasser in einem kleinen Topf aufkochen und vom Herd nehmen.

2 Espressopulver, braunen Zucker, Zimtstange, Kardamomsamen und Muskatnuss in die heiße Flüssigkeit geben und etwa 3 Minuten darin ziehen lassen.

3 Den gewürzten Kaffee durch ein feines Sieb gießen und zurück in den Topf geben. Den Topf wieder auf den Herd stellen. Den Kaffee heiß werden lassen und mit einem Schneebesen oder mit dem Milchaufschäumer schaumig aufschlagen. Den Kaffee sofort in Tassen füllen und heiß servieren.

### Zutaten

1/4 l **Milch**

2–3 TL **Espressopulver**

1–2 TL brauner **Zucker**

1/2 **Zimtstange**

1/2 TL **Kardamomsamen**

1 Prise **Muskatnuss**

## Zutaten

2 Stück **Zartbitterschokolade** (20 g)

etwas **Zimtpulver**

¼ l heißer, starker **Kaffee**

4 cl **Kahlúa** (Kaffeelikör)

2 **Zimtstangen**

# Café mexicano mit Schokolade

## Zubereitung

FÜR 2 PERSONEN

1 Zwei Kaffeetassen vorwärmen. In jede Tasse 1 Stück Zartbitterschokolade und 1 Prise Zimt geben.

2 Den Kaffee mit dem Kahlúa mischen und über die Schokolade gießen. Mit einem Löffel vorsichtig umrühren, bis die Schokolade zu schmelzen beginnt.

3 Den fertigen Café mexicano mit je 1 Zimtstange anstelle eines Löffels servieren.

4 Dazu schmecken die herzhaften Maismuffins mit Paprika von Seite 94 oder auch die Cookies mit Erdnüssen von Seite 63.

# Vanille-Milchkaffee und Nusskaffee

Wahre Muntermacher: Der Milchkaffee am Morgen weckt die Lebensgeister, in den Nachmittagskaffee darf ein kleiner Extra-Schuss hinein

## Zutaten

Für den Vanille-Milchkaffee:

1 **Vanillestange**

300 ml **Milch**

300 ml heißer, starker **Kaffee**

Für den Nusskaffee:

80 ml **Milch**

2 EL gemahlene **Haselnüsse**

2–4 TL **Zucker**

2 cl **Nusslikör**

300 ml heißer, starker **Kaffee**

## Zubereitung

FÜR 2 PERSONEN

1 Für den Vanille-Milchkaffee die Vanillestange der Länge nach aufschneiden und das Mark herauskratzen. Vanillemark und -stange mit der Milch aufkochen lassen. Die heiße Milch mit einem Schneebesen aufschäumen.

2 Den Kaffee auf 2 Gläser verteilen und mit der aufgeschäumten Milch aufgießen. Nach Belieben mit Zucker süßen und mit Vanillestangen dekorieren.

3 Für den Nusskaffee die Milch mit den Haselnüssen und dem Zucker aufkochen. Vom Herd nehmen und mit den Quirlen des Handrührgeräts etwa 30 Sekunden schlagen. Den Nusslikör darunter rühren.

4 Den Kaffee auf 2 Tassen verteilen. Die Haselnussmilch durch ein Sieb dazugießen und verrühren.

**Neben Gewürzen wie Anis, Zimt, Kardamom und Muskatnuss können Sie Kaffee auch mit Schokoladensirup, Karamell sowie gemahlenen Nüssen und Pistazien aromatisieren.**

# Café de Cuba
## mit Rum und Limette

Da kommt karibisches Feeling auf: Mit Rum und Limettensaft ist dieser eisgekühlte Kaffeecocktail genau das Richtige für heiße Nächte

### Zutaten

300 ml heißer, starker **Kaffee**

60–80 g **Puderzucker**

4 cl weißer **Rum**

2 TL **Limettensaft**

6 **Eiswürfel**

4 EL **Sahne**

1 unbehandelte **Zitronenscheibe**

1 TL **Kaffeepulver**

**Minze** zum Garnieren



### Zubereitung
FÜR 2 PERSONEN

1 Den Kaffee mit dem Puderzucker gut verrühren und im Kühlschrank für mindestens 30 Minuten kalt stellen.

2 Den Rum und den Limettensaft zum abgekühlten Kaffee geben und vermischen.

3 Eiswürfel grob zerstoßen und in 2 große Eiskaffeegläser geben. Die Kaffee-Rum-Mischung darüber gießen.

4 Die Sahne cremig aufschlagen. Vorsichtig mit einem Löffel eine Sahnehaube auf das Kaffeegemisch geben.

5 Für die Garnitur eine Zitronenscheibe in etwas Kaffeepulver wenden und an den Glasrand stecken. Den Kaffeecocktail nach Belieben noch mit einigen frischen Minzeblättern garnieren.

**Etwas milder im Geschmack wird der Café de Cuba, wenn Sie statt weißen Rum braunen Rum und statt Limettensaft Orangensaft verwenden. Dann erst zum Schluss mit Puderzucker süßen.**

# Cappuccinococktail mit Grappa

## Zubereitung

FÜR 2 PERSONEN

1 Den Grappa auf zwei hohe Gläser verteilen. Den heißen Espresso mit dem Zucker verrühren, sodass er sich vollständig auflöst. Zwei Drittel vom Espresso auf den Grappa gießen.

2 Die Hälfte der Milch erwärmen und mit dem restlichen Espresso vermischen. Die Milch-Espresso-Mischung vorsichtig über einen langen Löffel in die Gläser laufen lassen oder ganz langsam hineingießen. Auf diese Weise vermischen sich die Schichten nicht.

3 Die restliche Milch mithilfe der Dampfdüse der Espressomaschine, einem elektrischen Milchaufschäumer-Quirl oder einem Milchaufschäumer – wie auf Seite 11 beschrieben – aufschäumen und vorsichtig auf dem Espresso verteilen. Mit Kakaopulver bestäuben.

## Zutaten

2 cl **Grappa**

200 ml heißer **Espresso**

2–4 TL **Zucker**

200 ml **Milch**

**Kakaopulver** zum Bestäuben

## Zutaten

1 TL **Kakaopulver**

2 Msp **Zimtpulver**

4 cl **Cointreau**

2–4 TL **Zucker**

200 ml heißer **Espresso**

2 **Zimtstangen**

oder 2 **Schoko-Löffel**

# Special Coffee mit Cointreau

## Zubereitung

FÜR 2 PERSONEN

1 Kakaopulver und Zimt auf 2 Gläser oder Tassen verteilen. Jeweils 2 cl Cointreau dazugießen, den Zucker dazugeben und umrühren.

2 Den heißen Espresso auf die Gläser oder Tassen verteilen oder direkt aus der Espressomaschine in die Gläser oder Tassen laufen lassen.

3 Jeweils 1 Zimtstange oder 1 Schoko-Löffel in den Kaffee geben, wie einen Löffel zum Umrühren benutzen und sofort servieren.

# Mandel-Eiskaffee
## und Kaffee-Frappé

Zwei **erfrischende** Sommerhits: Gibt es etwas Schöneres, als im Freien zu sitzen und Eiskaffee zu **löffeln?**



### Zutaten

Für den Eiskaffee:

50 g **Sahne** · 2 Kugeln **Vanilleeis**

ca. ¼ l kalter, starker **Kaffee**

2 cl **Mandelsirup** oder **Amaretto**

**Mandelsplitter** und

**Schokospäne** zum Garnieren

Für das Kaffee-Frappé:

½ **Zimtstange** · 1 Stück unbehandelte **Orangenschale**

2 **Gewürznelken**

300 ml heißer, starker **Kaffee**

ca. 6 **Eiswürfel**

4–6 TL brauner **Zucker** · 4 EL **Sahne**

### Zubereitung

FÜR 2 PERSONEN

1 Für den Eiskaffee die Sahne mit dem Schneebesen oder dem Handrührgerät cremig aufschlagen.

2 Das Vanilleeis auf 2 große Gläser verteilen. Kaffee mit dem Mandelsirup oder Amaretto mischen und darüber gießen.

3 Beide Gläser mit einer Sahnehaube garnieren und mit Mandelsplittern und Schokospänen garnieren.

4 Für das Kaffee-Frappé die Zimtstange, Orangenschale und Gewürznelken in einen kleinen Topf geben und den heißen Kaffee darüber gießen. Etwas abkühlen lassen.

5 Die Kaffeemischung zugedeckt im Kühlschrank mindestens 2 Stunden ziehen lassen. Der Kaffee sollte den Geschmack der Gewürze annehmen und kalt werden.

6 Den Kaffee durch ein Sieb gießen und im Mixer mit den Eiswürfeln und dem Zucker gut durchmixen, bis die Eiswürfel zerkleinert sind.

7 Die Sahne dazugeben und alles zusammen im Mixer schaumig aufschlagen. In Longdrinkgläser gießen und sofort servieren.

# Kaffee-Smoothie
## und Coffee on the rocks

Etwas mehr als kalter Kaffee: Gut geschüttelt machen diese zwei Mixgetränke jedem Cocktail Konkurrenz

### Zutaten

Für den Kaffee-Smoothie:

400 ml heißer, starker **Kaffee**

1–2 EL brauner **Zucker**

2 **Bananen** · ½ **Vanilleschote**

2 EL fein gemahlene **Mandeln**

2 TL **Ahornsirup**

4–6 **Eiswürfel**

**Minze** zum Garnieren

Für den Coffee on the rocks:

etwa 8 **Eiswürfel**

4 TL **Puderzucker**

200 ml kalter, starker **Kaffee**

2 cl **Cognac** · 2 cl **Cointreau**



### Zubereitung
FÜR 2 PERSONEN

1 Für den Kaffee-Smoothie den heißen Kaffee mit dem braunen Zucker vermischen, bis dieser sich aufgelöst hat. Abgedeckt für mindestens 30 Minuten im Kühlschrank kalt stellen.

2 Die Bananen schälen und in grobe Stücke schneiden. Die Vanilleschote der Länge nach aufschneiden und das Mark herauskratzen.

3 Bananenstücke und Vanillemark zusammen mit dem Kaffee, den gemahlenen Mandeln und dem Ahornsirup in einen Mixer geben und pürieren. Die Eiswürfel dazugeben und nochmals durchmixen, bis die Eiswürfel grob zerkleinert sind.

4 Den Smoothie in 2 Longdrinkgläser füllen und mit Bananenscheiben und Minze dekorieren.

5 Für den Coffee on the rocks einen Shaker etwa zu zwei Dritteln mit Eiswürfeln füllen. Die restlichen Zutaten dazugeben und alles zusammen gut durchmixen.

6 Jeweils 2 Eiswürfel in Whisk(e)ygläser geben. Den Drink durch ein Barsieb in die vorbereiteten Gläser abgießen.

# Desserts & Pralinen

# Cappuccinocreme mit Vanille

Cremiger Kaffeegenuss: Echte Vanille und sahniger Schmelz machen diesen süßen Traum nicht nur als Dessert unwiderstehlich

## Zutaten

4 Blatt weiße **Gelatine**

1 **Vanilleschote**

1/4 l starker **Kaffee**

3 **Eigelb**

80 g **Zucker**

200 g **Sahne**

**Kakaopulver** zum Bestäuben



## Zubereitung

FÜR 4–6 PERSONEN

1 Die Gelatine in kaltem Wasser etwa 10 Minuten einweichen. Die Vanilleschote der Länge nach aufschneiden und mit dem Kaffee bei starker Hitze einmal aufkochen. Den Kaffee vom Herd nehmen und die Schote entfernen.

2 Das Eigelb mit dem Zucker und 6 Esslöffeln Kaffee gründlich verrühren. Unter ständigem Rühren den übrigen Kaffee nach und nach unterrühren. Dabei immer nur so viel dazugeben, dass das Eigelb nicht durch den heißen Kaffee gerinnt. Die Masse weiterschlagen, bis sie dick-schaumig ist.

3 Die Gelatine tropfnass zur Creme geben und darin auflösen. Die Creme unter Rühren im kalten Wasserbad abkühlen lassen.

4 Die Sahne steif schlagen und unter die Creme heben. Die Cappuccinocreme in Gläser füllen und mindestens 3 Stunden im Kühlschrank fest werden lassen.

5 Mit etwas geschlagener Sahne garnieren und nach Belieben mit Kakaopulver bestäuben.

**Sie können die Cappuccinocreme auch noch mit Zimtpulver aromatisieren oder, wenn keine Kinder mitessen, mit etwas Kaffeelikör, Cognac oder Weinbrand (2 cl) verfeinern.**

# Kaffeesoufflé
## mit Schokolade

Luftig und locker: Das zarte Gebilde zergeht auf der Zunge, wenn es beim Backen nicht gestört wird

### Zutaten

1/8 l **Milch**

50 g **Zartbitterschokolade**

20 g **Butter**

20 g **Mehl**

2 cl **Kaffeelikör**

1 TL **Instant-Kaffeepulver**

3 **Eiweiß**

2 **Eigelb**

**Fett** und **Zucker**

für die Förmchen



### Zubereitung
FÜR 4 PERSONEN

1 Den Backofen auf 200 °C vorheizen. Die Milch in einem Topf erhitzen. Die Schokolade in Stücke brechen, in die Milch geben und schmelzen lassen.

2 Die Butter in einem zweiten Topf schmelzen, das Mehl unterrühren und mit der Schokoladenmilch ablöschen.

3 Likör und Kaffeepulver dazugeben. Die Masse unter Rühren einmal aufkochen lassen. Sofort 1 Eiweiß unterrühren und die Masse abkühlen lassen.

4 Nach und nach das Eigelb unter die Masse rühren. Restliches Eiweiß steif schlagen und vorsichtig unterheben.

5 Souffléförmchen einfetten und mit Zucker ausstreuen. Die Masse nicht ganz bis zum Rand in die Förmchen füllen. Die Förmchen in eine Auflaufform oder auf das Backblech stellen, so viel Wasser auffüllen, dass die Förmchen bis zur Hälfte darin stehen.

6 Die Soufflés auf der mittleren Schiene im vorgeheizten Backofen etwa 20 Minuten backen. Aus den Förmchen lösen oder sofort in den Förmchen servieren.

# Kaffee-Eis
## mit Grapefruit

### Zubereitung
FÜR 6–8 PERSONEN

1 Eigelb mit dem Zucker cremig rühren, den Kaffee und etwa 150 g Sahne dazugeben und im heißen Wasserbad dick-cremig aufschlagen. Den Cognac hinzufügen und die Masse im kalten Wasserbad so lange rühren, bis sie abgekühlt ist.

2 Die restliche Sahne steif schlagen und unter die erkaltete Creme ziehen. Eine Kastenform mit Frischhaltefolie auskleiden und die Creme darin verteilen.

3 Die Creme so lange ins Tiefkühlfach stellen, bis sie gefroren ist. Die Grapefruit schälen, sodass die weiße Haut völlig entfernt wird. Mit einem scharfen Messer die Filets zwischen den Trennhäuten herauslösen.

4 Zum Servieren die Creme etwas antauen lassen, in Gläser füllen und mit den Grapefruitfilets dekorieren.

### Zutaten

6 **Eigelb**

200 g **Zucker**

1/8 l starker, heißer **Kaffee**

500 g **Sahne**

2 cl **Cognac**

1 **Grapefruit**

## Zutaten

Für den Schaum:

100 g **Sahne**

2 EL **Kaffeebohnen**

1 EL **Zucker**

Für die Creme:

4 **Eigelb** · 90 g **Zucker**

80 ml starker **Kaffee**

1 EL **Instant-Kaffeepulver**

1 ½ Blatt **Gelatine**

3 EL **Rum**

200 g **Sahne**

**Kaffee-** oder **Kakaopulver** zum Bestäuben

# Geeiste Kaffeecreme mit Sahneschaum

## Zubereitung

FÜR 6 PERSONEN

1 Für den Schaum Sahne, Kaffeebohnen und Zucker vermischen und zugedeckt 1 Tag im Kühlschrank ziehen lassen.

2 Für die Creme Eigelb mit der Hälfte des Zuckers cremig rühren. Kaffee, Kaffeepulver und restlichen Zucker aufkochen lassen. Unter die Eigelbmasse rühren und schaumig schlagen. Gelatine in kaltem Wasser einweichen. Rum erwärmen, Gelatine ausdrücken und darin auflösen. Unter die Creme rühren. So lange rühren, bis sie abgekühlt ist.

3 Sahne steif schlagen und unter die Creme ziehen. 6 Kaffeetassen oder Förmchen mit der Creme nicht ganz bis zum Rand füllen. Die Creme einige Stunden im Tiefkühlfach gefrieren lassen.

4 Für den Kaffeeschaum die Sahne mit Kaffeebohnen durch ein Sieb gießen und die Sahne schaumig schlagen. Auf die geeiste Creme verteilen. Mit Kaffeepulver bestäuben und nach Belieben mit Früchten dekorieren.

# Kaffee-Kokos-Creme
## mit Himbeeren

Gut gebettet: Frische Früchte harmonieren aufs Beste mit einer exotischen Creme aus Kaffee und Kokosmilch

## Zutaten

150 g **Vollmilchschokolade**

2 Blatt **Gelatine**

100 ml **Kokosmilch** (aus der Dose)

4 EL **Instant-Kaffeepulver**

2 **Eier**

2 cl **Kaffeelikör**

**Salz**

30 g **Zucker**

400 g **Sahne**

250 g **Himbeeren**

1 **Banane**

**Kokosmilch**, **Kokosraspel** und **Kokoschips** zum Garnieren

## Zubereitung

FÜR 4 PERSONEN

1 Schokolade hacken und im heißen Wasserbad schmelzen lassen. Die Gelatine in kaltem Wasser einweichen. Kokosmilch mit dem Kaffeepulver verrühren.

2 Dann 1 Ei trennen, Eigelb und restliches Ei mit der Kaffee-Kokos-Creme im heißen Wasserbad zu einer dicklichen Creme aufschlagen. Die Gelatine ausdrücken und in der Creme auflösen. Schokolade und Likör unterrühren. Die Masse in den Kühlschrank stellen.

3 Das Eiweiß mit 1 Prise Salz steif schlagen, dabei den Zucker einrieseln lassen. Die Sahne steif schlagen und beides nacheinander, vorsichtig unter die Creme heben.

4 Himbeeren verlesen, Banane schälen und in Scheiben schneiden. Zum Verzieren der Dessertgläser nach Belieben die Ränder der Gläser zuerst in etwas Kokosmilch tauchen, dann in Kokosraspel.

5 Die Hälfte der Creme in Gläser füllen, darüber die Früchte verteilen (einige schöne Himbeeren beiseite legen) und die restliche Creme darauf geben. Für mindestens 4 Stunden kalt stellen. Zum Servieren mit den restlichen Himbeeren belegen und mit Kokoschips garnieren.

# Geeiste Kaffeetorte mit Pistazien

Dafür sollten Sie sich etwas Zeit nehmen: Aber diese eisgekühlte Köstlichkeit überzeugt nicht nur Kaffeetrinker



## Zutaten

350 g **Sahne**

100 g grob zerstoßene **Kaffeebohnen**

7 **Eigelb**

75 g **Zucker**

3 **Eiweiß**

50 g **Mehl**

1 EL **Speisestärke**

3 Blatt weiße **Gelatine**

100 g weiße **Kuvertüre**

100 g **Zartbitterkuvertüre**

4 Päckchen **Vanillezucker**

Außerdem:

**Fett** für das Backblech

2 EL gehackte **Pistazien**

## Zubereitung

FÜR 6 PERSONEN

1 Sahne und Kaffeebohnen in eine Schüssel geben und abgedeckt im Kühlschrank 12 Stunden ziehen lassen.

2 Den Backofen auf 180 °C vorheizen. 3 Eigelb mit dem Zucker schaumig schlagen. Eiweiß steif schlagen und darauf geben, Mehl und Stärke darüber sieben. Alles locker zu einem Biskuitteig verarbeiten. Ein Backblech einfetten und den Teig auf die Hälfte des Blechs streichen. Im Backofen etwa 12 Minuten backen. Auskühlen lassen.

3 Die Gelatine 10 Minuten in kaltem Wasser einweichen. Die beiden Kuvertüren getrennt voneinander im Wasserbad schmelzen lassen.

4 Das restliche Eigelb mit dem Vanillezucker im Wasserbad hellschaumig schlagen. Gelatine ausdrücken und in der warmen Creme auflösen, die weiße Kuvertüre unterrühren und abkühlen lassen.

5 Die Kaffeesahne durch ein Sieb gießen, steif schlagen und unter die weiße Kuvertürecreme heben.

6 Den Biskuit der Länge nach halbieren und in Größe einer Kastenform (etwa 2 l Inhalt) zuschneiden. Biskuit und Creme abwechselnd in die Kastenform schichten, dabei den Biskuit mit dunkler Kuvertüre bestreichen. In die letzte Cremeschicht die Pistazien streuen. Kaffeetorte für 6 Stunden ins Tiefkühlfach stellen. Die Kaffeetorte zum Servieren aus der Form stürzen und in Scheiben schneiden.

# Tiramisu
## mit Amaretto

Der Klassiker aus Italien, der immer wieder für Furore sorgt:
Nicht ohne Grund bedeutet er wörtlich zieh mich hoch

### Zutaten

200 ml **Espresso**

2 EL **Amaretto**

4 **Eigelb**

80 g **Zucker**

½ **Vanilleschote**

500 g **Mascarpone**

150 g **Löffelbiskuits**

**Kakaopulver** (ungesüßt)



### Zubereitung
FÜR 4 PERSONEN

1 Den Espresso zubereiten und mit dem Amaretto vermischen. Abkühlen lassen.

2 Eigelb und Zucker so lange schaumig schlagen, bis sich der Zucker vollständig aufgelöst hat. Die Vanilleschote der Länge nach aufschneiden und das Mark herauskratzen. Zur Creme geben. Den Mascarpone nach und nach unterrühren.

3 Eine runde oder rechteckige Form mit der Hälfte der Löffelbiskuits auslegen und mit etwa 100 ml Espresso tränken. Die Hälfte der Mascarponecreme darauf verteilen und glatt streichen. Mit den restlichen Biskuits belegen, mit Espresso tränken und die restliche Creme darauf verteilen.

4 Die Form mit Frischhaltefolie abdecken und für einige Stunden in den Kühlschrank stellen. Das Tiramisu vor dem Servieren dick mit Kakaopulver bestäuben.

**Statt des Amarettos können Sie auch Weinbrand oder Cognac nehmen. Einen fruchtigen, frischen Geschmack erhält die Creme, wenn 1 TL abgeriebene unbehandelte Zitronenschale dazukommt.**

# Espresso-Mousse
## auf Löffelbiskuit

### Zubereitung
FÜR 20–30 STÜCK

1 Die Kuvertüre in grobe Stücke brechen und in den Mixer geben. Etwa 30 Sekunden auf höchster Stufe zerkleinern. In einen Topf füllen und Eigelb, Espressopulver, Whisk(e)y und Puderzucker dazugeben.

2 Gelatine in kaltem Wasser einweichen. Das Schokoladengemisch erwärmen und alles gut miteinander vermischen. Die Gelatine ausdrücken, zur Masse geben und gründlich unterrühren.

3 Die Espresso-Mousse in eine Schüssel füllen und kalt stellen. Die Sahne steif schlagen und gleichmäßig unter die Mousse ziehen. Kühl stellen und sobald die Masse fest geworden ist, in einen Spritzbeutel füllen.

4 Jeweils 2 Löffelsbiskuits mit etwas Creme dazwischen zusammensetzen und mit Puderzucker bestäuben. Die restliche Creme auf die Löffelbiskuits spritzen und mit je 1 Kaffeebohne dekorieren.

### Zutaten

220 g weiße **Kuvertüre**

3 **Eigelb**

3 EL **Instant-Espressopulver**

2 EL **Whisk(e)y**

2 EL **Puderzucker**

2 Blatt **Gelatine**

250 g **Sahne**

20–30 **Löffelbiskuits** (vom Konditor)

**Puderzucker** zum Bestäuben

**Kaffeebohnen** zum Garnieren

## Zutaten

100 g **Vollmilchschokolade**

50 g **Zartbitterschokolade**

125 g weiche **Butter**

125 g **Puderzucker**

2 cl **Weinbrand**

3 EL **Kakaopulver**

**Kakaopulver** für den Überzug

# Weinbrandtrüffel in Kakaohülle

## Zubereitung

FÜR ETWA 30 STÜCK

1 Die beiden Schokoladensorten im Wasserbad schmelzen lassen. Butter und Puderzucker in einer Schüssel schaumig rühren und die Schokolade löffelweise dazugeben und unterrühren.

2 Zum Schluss den Weinbrand und das Kakaopulver hinzufügen und untermischen. Die Masse abgedeckt 20 Minuten im Kühlschrank ruhen lassen.

3 Von der Masse mit einem Teelöffel kleine Portionen abstechen. Die gut gekühlten Hände mit Kakaopulver bestäuben und aus den Portionen Kugeln rollen. Die Kugeln im Kakaopulver wälzen. Die Trüffel zum Servieren in weiße Papierpralinenförmchen setzen. Kühl aufbewahren.

# Zweierlei Konfekt mit Mokkabohnen

Hier haben Sie es schwarz auf weiß: Zum Kaffee, Espresso oder Cappuccino gehört etwas kleines, feines Süßes einfach dazu

## Zutaten

Für das helle Konfekt:

12 Blatt **Gelatine**

500 g **Sahne**

70 ml **Milch**

70 g **Zucker**

1 Päckchen **Vanillezucker**

Für das dunkle Konfekt:

30 g **Amaretti-Plätzchen**

3 **Eier** · 2 **Eiweiß**

60 g **Zucker**

ca. 450 ml **Milch**

1 EL **Instant-Kaffeepulver**

1 EL **Kakaopulver**

2 EL **Rum** · 1 EL **Öl**

Außerdem:

**geschlagene Sahne** zum Verzieren

ca. 40 **Mokka-Schokobohnen**

## Zubereitung

FÜR 8 PERSONEN

1 Für das helle Konfekt die Gelatine in kaltem Wasser einweichen. Sahne und Milch mit Zucker und Vanillezucker in einem Topf langsam erhitzen, aber nicht kochen lassen und etwa 10 Minuten mit dem Schneebesen schlagen. Gelatine gut ausdrücken, in der heißen Sahne auflösen und gründlich verrühren. In eine flache, rechteckige Form gießen und für 12 Stunden in den Kühlschrank stellen.

2 Für das dunkle Konfekt den Backofen auf 180 °C vorheizen. Amaretti in einen Gefrierbeutel geben und mit dem Nudelholz sehr fein zerkrümeln. Eier und Eiweiß mit dem Zucker kräftig verrühren, aber nicht schaumig schlagen. Die Milch lauwarm erhitzen.

3 Amaretti, Kaffeepulver, Kakao und Rum mit etwas lauwarmer Milch unter die Eiercreme rühren, dann nach und nach die restliche Milch unterrühren. Eine zweite rechteckige Form mit dem Öl ausstreichen und die Mischung hineingießen. Die Masse sollte die gleiche Höhe haben wie die helle Konfektmasse, falls nötig, etwas Milch dazugeben. Die Form mit Alufolie abdecken und in die Fettpfanne des Backofens stellen. Die Fettpfanne bis etwa fingerbreit unter dem Rand der Form mit kochendem Wasser füllen und die Masse im heißen Backofen in etwa 30 Minuten stocken lassen. Herausnehmen, etwas abkühlen und im Kühlschrank auskühlen lassen.

4 Zum Anrichten beide Konfektsorten in Quadrate von gleicher Größe schneiden. Die Quadrate schachbrettartig auf eine Platte setzen. Die dunklen Konfektstücke mit je einem kleinen Tupfer Sahne, die hellen mit je einer Mokka-Schokobohne verzieren.

# Mokkatrüffel
## mit Kaffeelikör

### Zubereitung
FÜR 30–40 STÜCK

1 Die Kuvertüre klein hacken. Die Sahne mit dem Kaffeepulver aufkochen und die Kuvertüre unter Rühren darin auflösen. Den Likör dazugeben und die Masse kühl stellen.

2 Die Mokkamasse mit dem Schneebesen kurz durchrühren. Die Masse in einen Spritzbeutel mit Lochtülle füllen und kleine Kugeln auf Backpapier spritzen. Etwas fest werden lassen und, falls nötig, nochmals mit kalten Händen rund drehen. Etwa 1 Stunde kühl stellen.

3 Für den Überzug die Kuvertüre im warmen Wasserbad schmelzen lassen. Die Kuvertüre darf nicht zu heiß werden. Trüffel mithilfe einer Pralinengabel kurz in die Kuvertüre tauchen und auf ein Gitter setzen. Den Überzug etwas fest werden lassen und die Pralinen auf dem Gitter hin und her rollen, sodass Spitzen entstehen.

4 Den Überzug ganz fest werden lassen. Die Mokkatrüffel kühl aufbewahren.

### Zutaten

300 g dunkle **Kuvertüre**

150 g **Sahne**

1 EL **Instant-Kaffepulver**

5 cl **Kaffee-** oder **Mokkalikör**

500 g dunkle **Kuvertüre** für den Überzug

## Zutaten

200 g **Zartbitterkuvertüre**

250 g **Sahne**

2 EL **Butter**

1 TL **Instant-Kaffeepulver**

3 EL **Puderzucker**

**Zuckerperlen** zum Garnieren

# Sahnetrüffel mit Zuckerperlen

## Zubereitung

FÜR 25 STÜCK

1 Die Kuvertüre mit dem Messer grob zerkleinern. Sahne und Butter in einem Topf erhitzen. Den Topf vom Herd nehmen und die Kuvertüre unter Rühren darin auflösen. Kaffeepulver und Puderzucker hineinrühren und alles mit dem Handrührgerät aufschlagen.

2 Die Masse abkühlen lassen und in einen Spritzbeutel mit Sterntülle füllen. Die Trüffelmasse in Stanniol-Spitztüten spritzen. Die Sahnetrüffel mit den Zuckerperlen garnieren und bis zum Servieren kühl stellen.

# Schichtgebäck mit Kaffeecreme

Jeder Bissen ein Gaumenerlebnis: Knusprige Teigblätter wechseln sich ab mit einer zartschmelzenden Creme

## Zutaten

Für den Teig:

4 Blätter **Filoteig**

40 g **Butter** · 20 g **Zucker**

4 TL **Sesamsamen**

4 TL gehackte **Pistazien**

4 TL gehackte **Mandeln**

Für die Creme:

100 g weiche **Butter**

100 g **Puderzucker**

2 cl sehr starker **Kaffee**

100 g **Crème fraiche**



## Zubereitung

FÜR 4 PERSONEN

1 Den Backofen auf 200 °C vorheizen. Die Filoteigblätter in Rechtecke von gleicher Größe schneiden.

2 Die Butter schmelzen lassen, die Filoteigblätter damit bestreichen und mit Zucker bestreuen. Backbleche mit Backpapier auslegen, die Rechtecke darauf setzen und mit Sesamsamen, Pistazien und Mandeln bestreuen.

3 Im Backofen etwa 8 Minuten backen, bis die Blätter knusprig-braun geworden sind. Herausnehmen und abkühlen lassen.

4 Für die Creme die weiche Butter und den Puderzucker mit dem Handrührgerät schaumig rühren, den Kaffee dazugeben. Die Crème fraîche glatt rühren und unter die Kaffeecreme heben.

5 Die Creme in einen Spritzbeutel mit großer Sterntülle füllen und auf die Teigblätter verteilen. Jeweils 6 bis 8 Blätter übereinander setzen. Mit einem Filoteigblatt ohne Creme abdecken.

**Filoteig gibt es als hauchdünne, fertige Teigblätter im griechischen oder türkischen Lebensmittelhandel zu kaufen. Man kann ihn nicht nur für blättriges Gebäck, sondern auch für Pasteten verwenden.**

# Kuchen & Gebäck

# Espressotorte mit Cognac

Da werden Espresso-Süchtige Augen machen: Der kleine, starke Kaffee entfaltet auch so zubereitet seinen vollen Geschmack

## Zutaten

Für die Espresso-Sahne:

100 g **Mokkaschokolade**

250 g **Sahne**

1 EL **Instant-Espressopulver**

Für den Teig:

6 **Eier**

100 g **Zartbitterschokolade**

100 g gemahlene **Haselnüsse**

120 g **Zucker**

50 g **Mehl** · 30 g **Speisestärke**

1 EL **Instant-Espressopulver**

Außerdem:

100 ml **Espresso** · 4 cl **Cognac**

200 g **Sahne**

**Schokospäne** zum Verzieren



## Zubereitung

FÜR 1 SPRINGFORM (28 cm Ø)

1 Für die Espresso-Sahne die Mokkaschokolade in Stücke brechen. Mit der Sahne bei schwacher Hitze schmelzen lassen. Espressopulver unterrühren und über Nacht kalt stellen.

2 Den Backofen auf 180 °C vorheizen. Für den Teig die Eier trennen. Schokolade reiben. Haselnüsse in einer Pfanne ohne Fett rösten.

3 Eigelb und Zucker mit dem Handrührgerät schaumig schlagen. Geriebene Schokolade, Mehl, Speisestärke, Haselnüsse und Espressopulver hinzufügen und unterrühren. Das Eiweiß steif schlagen und gleichmäßig unterheben.

4 Die Springform mit Backpapier auslegen. Den Teig hineinfüllen, glatt streichen und im Backofen 35 bis 40 Minuten backen.

5 Espressokaffee mit Cognac mischen. Den abgekühlten Kuchenboden waagerecht durchschneiden und die beiden Hälften mit der Kaffeemischung tränken. Die Espresso-Sahne-Mischung schaumig schlagen.

6 Die Espresso-Sahne auf einen Tortenboden verteilen und glatt streichen. Den zweiten Tortenboden darauf setzen. Die Sahne steif schlagen und die Torte rundum dick damit bestreichen. Mit einem Löffel kleine Dellen eindrücken, die Torte mit Schokospänen verzieren.

# Brownies
## mit Walnüssen

Nicht nur für Amerika-Fans der absolute Hit:
Schokoladenliebhaber greifen hier auch gerne zweimal zu

### Zutaten

100 g **Zartbitterschokolade**

125 g weiche **Butter**

125 g **Zucker**

2 **Eier**

100 g **Mehl**

½ TL **Backpulver**

**Salz**

1 TL **Bourbon-Vanillezucker**

150 g **Walnusskerne**

**Fett** für die Form

**Kakaopulver** zum Bestäuben



### Zubereitung

FÜR 20 STÜCK

1. Die Schokolade grob hacken. Im Wasserbad unter Rühren schmelzen lassen und herausnehmen.

2. Die Butter und den Zucker in einer Schüssel mit dem Handrührgerät schaumig rühren. Nach und nach die Eier und die flüssige Schokolade dazugeben und unterrühren.

3. Den Backofen auf 200 °C vorheizen. Das Mehl mit Backpulver, 1 Prise Salz und Vanillezucker mischen. Die Walnüsse hacken und mit der Mehlmischung unter den Teig rühren.

4. Eine Backform von 20 cm Kantenlänge einfetten. Den Teig in die Form füllen und im Backofen etwa 30 Minuten backen. Mit einem Holzstäbchen prüfen, ob das Gebäck fertig ist.

5. Das Gebäck auf ein Gitter stürzen und vollständig abkühlen lassen. Mit Kakaopulver bestäuben und zum Servieren in etwa 5 cm große Stücke schneiden.

**Der Nussgeschmack wird noch intensiver, wenn Sie die Walnüsse vorher in einer Pfanne ohne Fett kurz anrösten. Versuchen Sie die Brownies auch einmal mit Haselnüssen oder Mandelkernen.**

# Schokotorte
## mit Amaretti

### Zubereitung
FÜR 1 SPRINGFORM (24 cm Ø)

1 Löffelbiskuits und Amaretti in einen Gefrierbeutel füllen und mit einem Nudelholz zerkrümeln. Mit der flüssigen Butter gründlich vermengen. Den Boden der Springform einfetten, den Teig darauf verteilen und festdrücken.

2 Für die Füllung die Schokolade zerkleinern und im heißen Wasserbad schmelzen lassen. Die Sahne steif schlagen, Amaretto unterrühren und die Schokolade unterheben.

3 Die Schoko-Sahne-Masse auf dem Kuchenboden verteilen und glatt streichen. Für mindestens 4 Stunden, am besten über Nacht, in den Kühlschrank stellen.

4 Die Torte zum Servieren dick mit Kakaopulver bestäuben. Die Sahne mit Vanillezucker steif schlagen und 12 gleichmäßig verteilte Sahnekleckse auf den Kuchen setzen, jeweils ein halbiertes Plätzchen darauf stecken.

### Zutaten

100 g **Löffelbiskuits**

100 g **Amaretti-Plätzchen**

75 g flüssige **Butter**

Für die Füllung:

450 g **Zartbitterschokolade**

600 g **Sahne** · 5 cl **Amaretto**

Außerdem:

**Fett** für die Form

**Kakaopulver** zum Bestäuben

100 g **Sahne**

1 Päckchen **Vanillezucker**

6 **Amaretti-Plätzchen**

## Zutaten

45 g **Joghurt**

½ EL **Instant-Kaffeepulver**

**Salz** · 1 Päckchen **Vanillezucker**

1 unbehandelte **Orange**

45 g weiche **Butter**

150 g **Zucker**

1 **Ei** · 1 **Eiweiß**

125 g **Mehl** · 45 g **Kakaopulver**

1 Päckchen **Backpulver**

**Butter** für die Form

60 g **Puderzucker**

2 cl **Kaffeelikör**



# Schoko-Napfkuchen mit Orangenzesten

## Zubereitung

FÜR 1 KLEINE KRANZFORM

1 Joghurt, Kaffeepulver, 1 Esslöffel lauwarmes Wasser, 1 Prise Salz und Vanillezucker in einer Schüssel verrühren. Den Backofen auf 180 °C vorheizen.

2 Die Orange waschen, trockenreiben und ½ Esslöffel Schale abreiben. Die restliche Schale dünn schälen und in feine Streifen schneiden. Die Butter mit Zucker und abgeriebener Orangenschale schaumig schlagen, das Ei und Eiweiß unterrühren. Das Mehl mit Kakaopulver und dem Backpulver vermischen, über die Eimasse geben und ebenfalls unterrühren, dann die Joghurtmasse unterheben.

3 Die Form mit Butter einfetten, den Teig hineinfüllen und glatt streichen. Im Backofen etwa 40 Minuten backen. Den Kuchen herausnehmen, etwas abkühlen lassen, auf ein Kuchengitter stürzen und auskühlen lassen. Puderzucker mit dem Kaffeelikör verrühren und den Kuchen damit überziehen. Orangenstreifen auf dem Kuchen verteilen.

# Cheesecake
## mit Frischkäse

**Heiß geliebt und kalt gegessen: In New York darf der berühmte Käsekuchen auf keiner Kaffeetafel fehlen**

### Zutaten

Für den Teig:

250 g **Mehl**

60 g **Zucker**

1 Päckchen **Vanillezucker**

120 g kalte **Butter** · 1 **Eigelb**

Für die Füllung:

700 g **Doppelrahm-Frischkäse**

175 g **Zucker**

1 Päckchen **Vanillezucker**

1 EL abgeriebene unbehandelte **Zitronenschale**

6 **Eier** · 400 g saure **Sahne**

4 EL **Mehl** · 50 g **Sahne**

**Fett** für die Form



### Zubereitung

FÜR 1 SPRINGFORM (26 cm Ø)

1 Für den Teig das Mehl in eine Schüssel sieben. Mit Zucker und Vanillezucker mischen. Die Butter in kleine Stücke schneiden und mit dem Eigelb dazugeben. Alles mit den Knethaken des Handrührgeräts zu einer krümeligen Masse verrühren. Mit den Händen zu einem glatten Teig kneten. Zu einer Kugel formen und abgedeckt etwa 30 Minuten kalt stellen.

2 Den Backofen auf 200 °C vorheizen. Für die Füllung den Frischkäse mit Zucker, Vanillezucker und Zitronenschale verrühren. Die Eier trennen. Eigelb und saure Sahne nacheinander unter die Frischkäsecreme rühren. Mehl und Sahne unterrühren. Das Eiweiß zu steifem Schnee schlagen und vorsichtig unter die Creme heben.

3 Den Teig auf einer bemehlten Arbeitsfläche zu einem Kreis von 28 cm Durchmesser ausrollen. Die Springform einfetten und den Teig hineinlegen. Den Teig am Rand festdrücken. Im Ofen auf der mittleren Schiene 10 Minuten backen.

4 Die Backofentemperatur auf 225 °C erhöhen und die Füllung auf dem Teig verteilen, glatt streichen und 15 Minuten backen. Die Ofentemperatur auf 120 °C herunterschalten und den Käsekuchen etwa 50 Minuten weiterbacken. Falls nötig, mit Backpapier abdecken. Den Kuchen abkühlen lassen und vor dem Servieren mindestens 1 Stunde kalt stellen.

# Gewürzkuchen mit Nougat

Der ideale Begleiter zu einem schaumigen Cappuccino: Mit feinem Nougat und knackigen Nüssen lässt dieser saftige Kuchen keine Wünsche offen

## Zutaten

4 **Eier**

125 g weiche **Butter**

200 g brauner **Zucker**

200 g gemahlene **Haselnüsse**

50 g gehackte **Haselnüsse**



je ½ TL **Zimt**- und **Nelkenpulver**,

gemahlener **Piment** und **Anis**

4 EL **Sahne**

125 g **Mehl** · 2 TL **Backpulver**

150 g **Nougat**

**Salz** · **Fett** für die Form

## Zubereitung

FÜR 1 KASTENFORM (25 cm Kantenlänge)

1 Die Eier trennen. Die Butter in einer Schüssel mit dem Zucker cremig rühren. Das Eigelb dazugeben und alles kräftig schaumig schlagen. Gemahlene und gehackte Haselnüsse, Gewürze und die Sahne dazugeben und unterrühren.

2 Das Mehl mit dem Backpulver vermischen und nach und nach unter die Eiercreme rühren. Den Nougat in kleine Würfel schneiden und unterrühren.

3 Den Backofen auf 180 °C vorheizen. Das Eiweiß mit 1 Prise Salz steif schlagen und unter den Teig heben. Die Kastenform einfetten und den Teig hineinfüllen. Im Backofen auf der mittleren Schiene etwa 1 Stunde backen.

4 Den Kuchen kurz in der Form ruhen lassen, auf ein Kuchengitter stürzen und abkühlen lassen. Nach Belieben noch mit Schokoglasur überziehen.

**So stellen Sie fest, ob der Kuchen fertig ist: Wenn Sie mit einem Holzstäbchen hineinstechen und Teigreste daran kleben bleiben, müssen Sie den Kuchen noch einige Minuten weiterbacken.**

# Beerenmuffins
## mit Erdbeersauce

### Zubereitung
FÜR 12 STÜCK

1 Für die Muffins die Erdbeeren waschen, putzen und klein schneiden. 50 g für die Füllung beiseite stellen. Frischkäse mit 1 Esslöffel Sahne und 2 Esslöffeln Zucker verrühren. Den Backofen auf 180 °C vorheizen.

2 Restliche Erdbeeren mit Mehl, Backpulver und Natron verrühren. Öl, Buttermilch, restliche Sahne und restlichen Zucker mit dem Ei verquirlen. Die Mehlmischung unter die Eimasse rühren. Die Hälfte des Teiges in Papier-Backförmchen (oder ein gefettetes Muffinblech) geben. Erdbeeren und Frischkäse darauf geben, den restlichen Teig darüber verteilen. Im Backofen 20 bis 25 Minuten backen. Muffins herausnehmen und auskühlen lassen.

3 Für die Sauce Erdbeeren waschen, putzen, klein schneiden und mit Zitronensaft, 1 Esslöffel Wasser und Zucker aufkochen und zerfallen lassen. Durch ein Sieb streichen, in den Topf geben und mit angerührter Speisestärke binden, abkühlen lassen. Sahne steif schlagen. Erdbeersauce über die Muffins verteilen und etwas Sahne darauf geben.

### Zutaten

Für die Muffins:

200 g **Erdbeeren**

100 g **Frischkäse** · 150 g **Sahne**

120 g **Zucker** · 250 g **Mehl**

2 ½ TL **Backpulver** · ½ TL **Natron**

80 ml **Pflanzenöl**

120 g **Buttermilch** · 1 **Ei**

Für die Sauce:

200 g **Erdbeeren** · 1 EL **Zitronensaft**

2 EL **Zucker** · 2 TL **Speisestärke**

200 g **Sahne**

## Zutaten

125 g **Mehl**

1 TL **Backpulver**

50 g ungesalzene **Erdnüsse**

50 g weiche **Butter**

50 g **Erdnussbutter**

100 g **Zucker**

1 **Ei**

1 **Vanilleschote**

# Cookies mit Erdnüssen

## Zubereitung

FÜR 16 STÜCK

1 Den Backofen auf 200 °C vorheizen. Mehl und Backpulver miteinander vermischen. Die Erdnüsse grob hacken.

2 Butter, Erdnussbutter, Zucker und Ei schaumig rühren. Nach und nach die Mehlmischung dazugeben und alles zu einem festen Teig verkneten. Die Vanilleschote der Länge nach aufschneiden und das Mark herauskratzen. Vanillemark und die Erdnüsse unter den Teig rühren.

3 Aus dem Teig mit den Händen 16 kleine Kugeln formen und etwas flach drücken. Ein Backblech mit Backpapier auslegen und die Cookies mit ausreichend Abstand zueinander darauf setzen.

4 Auf der mittleren Schiene im Backofen etwa 10 Minuten backen. Auf einem Kuchengitter abkühlen lassen.

# Kirschmuffins
## mit Puderzucker

In jedem stecken saftige Früchtchen: Die kleinen, runden Küchlein schmecken frisch aus dem Ofen am besten

### Zutaten

200 g **Mehl**

60 g feine **Haferflocken**

2 TL **Backpulver** · ½ TL **Natron**

1 TL **Zimtpulver**

220 g **Sauerkirschen** (aus dem Glas)

2 **Eier** · 150 g **Zucker**

150 g flüssige **Butter**

1 Päckchen **Vanillezucker**

200 g **Joghurt** oder **saure Sahne**

**Puderzucker** zum Bestäuben



### Zubereitung

FÜR 12 STÜCK

1 Den Backofen auf 180 °C vorheizen. Das Mehl in eine Schüssel sieben und mit Haferflocken, Backpulver, Natron und Zimt mischen. Die Kirschen in einem Sieb abtropfen lassen.

2 Die Eier mit dem Schneebesen leicht verquirlen. Zucker, Butter und Vanillezucker dazugeben und alles gut verrühren. Joghurt oder saure Sahne unterrühren. Die Mehlmischung dazugeben und rühren, bis alle Zutaten feucht sind.

3 Etwa ein Drittel des Teiges in die gefetteten Vertiefungen eines Muffinblechs oder in Papier-Backförmchen füllen. Am besten 2 bis 3 Papierförmchen ineinander setzen. Die Hälfte der Kirschen auf dem Teig verteilen. Mit dem restlichen Teig auffüllen. In jeden Muffin noch zusätzlich 3 Kirschen stecken.

4 Die Muffins auf der mittleren Schiene im Backofen in 20 bis 25 Minuten goldgelb backen. Etwa 5 Minuten ruhen lassen, aus den Förmchen nehmen, mit Puderzucker bestreuen und noch warm servieren.

**Das gleiche Rezept funktioniert auch sehr gut mit Heidelbeeren. Dann erhalten Sie die klassischen Blueberry Muffins. Die Früchte – es können auch frische sein – in den Teig mit einarbeiten.**

# Doughnuts in Zuckerhülle

Ob zum Frühstück oder Kaffeeklatsch: Nach diesen zuckerumhüllten Schmalzkringeln werden Sie sich alle Finger lecken

## Zutaten

25 g weiche **Butter**

125 g **Zucker**

1 **Ei**

330 g **Mehl**

1 Päckchen **Backpulver**

**Salz**

**Zimtpulver** · 1 Prise **Muskatnuss**

1/8 l **Milch**

**Mehl** zum Ausrollen

ca. 1 l **Öl** zum Frittieren

**Zucker** zum Wenden



## Zubereitung

FÜR 8 STÜCK

**1** Die Butter mit dem Zucker und dem Ei in einer Schüssel schaumig rühren. Das Mehl mit Backpulver und je 1 Prise Salz, Zimt und Muskatnuss mischen. Die Buttercreme abwechselnd mit der Milch unter die Mehlmischung rühren.

**2** Den Teig auf einer bemehlten Arbeitsfläche etwa 1 cm dick ausrollen. Mit einem Doughnut-Ausstecher Teigkreise ausstechen. Oder mit einem Glas oder Metallausstecher Kreise von 7 bis 8 cm Durchmesser ausstechen und jeweils einen kleinen Kreis von 3 cm Durchmesser aus der Mitte stechen, sodass Ringe entstehen. Den restlichen Teig wieder verkneten, ausrollen und den Vorgang wiederholen, bis der Teig aufgebraucht ist. Teigkringel etwa 10 Minuten ruhen lassen.

**3** Das Frittieröl in einem Topf erhitzen. Das Fett ist heiß, wenn an einem hineingehaltenen Holzstäbchen Blasen aufsteigen. Die Doughnuts portionsweise im heißen Fett in etwa 4 Minuten rundum goldbraun backen. Mit einem Schaumlöffel herausheben und auf Küchenpapier abtropfen lassen. In Zucker wenden und sofort servieren.

**Doughnut-Ausstecher finden Sie in gut sortierten Haushaltswarengeschäften. Abgekühlte Doughnuts können luftdicht in einem Gefrierbeutel verpackt eingefroren werden.**

# Eclairs
## mit Trüffelcreme

Der Schlüssel zum Glück: Von diesen süßen »Liebesknochen« lässt sich jeder gern in Versuchung führen

### Zutaten

Für die Trüffelcreme:

60 g **Schokolade**

150 g **Sahne**

1 EL **Instant-Kaffeepulver**

Für die Eclairs:



75 g **Butter**

¼ l **Milch**

**Salz**

150 g **Mehl**

4 **Eier**

Außerdem:

1 **Eigelb** zum Bestreichen

dunkle **Schokolade** zum Verzieren

### Zubereitung

FÜR 4 PERSONEN

1 Die Schokolade raspeln. Mit der Sahne in einem Topf unter ständigem Rühren erhitzen. Wenn die Sahne Bläschen bildet, das Kaffeepulver unterrühren und den Topf vom Herd nehmen. Die Mischung in eine Metallschüssel geben und am besten auf Eiswasser stellen. So lange rühren, bis die Sahne abgekühlt ist. Im Kühlschrank ganz kalt werden lassen.

2 Die Creme mit dem Handrührgerät wie Schlagsahne schlagen, bis sie fest ist. Bis zur Verwendung wieder im Kühlschrank kalt stellen.

3 Für die Eclairs in einem Topf Butter mit Milch und 1 Prise Salz aufkochen. Unter Rühren das Mehl auf einmal in die kochende Flüssigkeit geben. Den Topf vom Herd nehmen und weiterrühren, bis der Teig sich als Kloß vom Topfboden löst. Sofort ein Ei unterrühren.

4 Den Teig in eine Schüssel füllen und nach und nach die restlichen Eier einzeln unterrühren. So lange rühren, bis der Teig glänzt.

5 Den Backofen auf 220 °C vorheizen. Den Teig in einen Spritzbeutel mit Lochtülle füllen. Ein Backblech mit Backpapier auslegen. Etwa 5 cm lange Teigstäbchen auf das Backblech spritzen. Mit Eigelb bestreichen und im Backofen in 15 bis 20 Minuten goldgelb backen.

6 Die Eclairs noch heiß mit einer Schere aufschneiden, die Trüffelcreme hineinspritzen und den Deckel darauf setzen. Die Schokolade schmelzen lassen, in einen Gefrierbeutel füllen, eine kleine Ecke abschneiden und die Eclairs damit verzieren.

# Biscotti
## mit Haselnüssen

### Zubereitung
FÜR ETWA 60 STÜCK

1 Die Nüsse in einer beschichteten Pfanne ohne Fett unter Rühren anrösten, dann grob hacken und beiseite stellen.

2 Das Mehl auf eine Arbeitsfläche häufen, 1 Prise Salz, Kakao- und Backpulver, Vanillezucker und Zucker gut untermischen. Eine Mulde in die Mitte drücken, die Eier aufschlagen und hineingeben. Alle Zutaten zu einem glatten Teig verkneten. Bei Bedarf etwas Mehl dazugeben. Zum Schluss die Nüsse und die abgeriebene Zitronenschale unterkneten. Den Backofen auf 180 °C vorheizen.

3 Aus dem Teig 3 Teigrollen von etwa 3 cm Durchmesser formen. Diese auf ein mit Backpapier ausgelegtes Backblech legen und im Backofen etwa 20 Minuten backen.

4 Das Blech aus dem Backofen nehmen, den Ofen jedoch nicht abschalten und die Nuss-Stangen sofort mit einem scharfen Messer in etwa 1 cm breite, schräge Stücke schneiden. Die Stücke wieder auf das Blech legen und pro Seite jeweils 4 bis 5 Minuten weiterbacken, dann vollständig abkühlen lassen.

### Zutaten

200 g **Haselnüsse**

400 g **Mehl**

**Salz**

60 g **Kakaopulver**

½ Päckchen **Backpulver**

1 TL **Bourbon-Vanillezucker**

250 g **Zucker**

3 **Eier**

2 TL abgeriebene unbehandelte

**Zitronenschale**

## Zutaten

2 **Eiweiß**

**Salz**

150 g **Zucker**

½ TL **Bittermandelaroma**

abgeriebene Schale von

½ unbehandelten **Zitrone**

200 g gemahlene, geschälte **Mandeln**

**Fett** für das Blech

# Amaretti mit Mandeln

## Zubereitung

FÜR ETWA 100 STÜCK

1 Eiweiß mit 1 Prise Salz in eine Schüssel geben und mit dem Handrührgerät zu steifem Schnee schlagen. Nach und nach den Zucker dazugeben und so lange weiterschlagen, bis sich der Zucker aufgelöst hat.

2 Bittermandelaroma und Zitronenschale unterrühren, die Mandeln dazugeben und unterziehen, sodass eine glatte Masse entsteht.

3 Den Backofen auf 150 °C vorheizen. Ein Backblech einfetten. Mit einem Teelöffel haselnussgroße Portionen von der Teigmasse abstechen und mit 2 cm Abstand als Kugeln auf das Backblech setzen.

4 Die Mandelmakronen auf der mittleren Schiene des Backofens in 25 bis 30 Minuten hellbraun backen. Amaretti vom Blech lösen und abkühlen lassen.

# Mini-Panettone mit Mandeln

Hochgenuss in Kleinformat: In Italien gehört der Panettone zu Weihnachten wie bei uns die Kugeln zum Christbaum

## Zutaten

250 g **Mehl**

½ Würfel **Hefe** (21 g)

50 g **Zucker**

50 ml warme **Milch**

abgeriebene Schale von je 1 unbehandelten **Zitrone** und **Orange**

100 g weiche **Butter**

1 **Ei** · 2 **Eigelb**

80 g kandierte **Früchte** (z.B. Kirschen, Orangeat, Zitronat)

50 ml **Rum**

80 g **Rosinen**

80 g **Mandelsplitter**

6 EL **Puderzucker**



## Zubereitung

FÜR ETWA 18 STÜCK

1 Das Mehl in eine Schüssel sieben und in die Mitte eine Mulde drücken. Hefe zerbröckeln, mit 1 Esslöffel Zucker und der Milch verrühren und in die Mulde geben. Mit Frischhaltefolie abgedeckt an einem warmen Ort 15 Minuten gehen lassen.

2 Die Mehlmischung mit Zitronen- und Orangenschale, restlichem Zucker, Butter, Ei und Eigelb zu einem elastischen Teig verkneten. Abgedeckt etwa 1 Stunde gehen lassen.

3 Die kandierten Früchte fein hacken. Den Rum erhitzen, Rosinen und kandierte Früchte dazugeben. Vom Herd nehmen und ziehen lassen, bis der Teig gegangen ist.

4 Mandelsplitter in einer Pfanne ohne Fett goldbraun rösten. 4 Esslöffel Puderzucker darüber stäuben und karamellisieren lassen. Back- oder Souffléförmchen (von 200 ml Inhalt) mit Pergamentpapier auslegen und den Rand etwas hoch ziehen.

5 Den Backofen auf 175 °C vorheizen. Kandierte Früchte, Rosinen und Mandeln unter den Teig kneten. Den Teig zu Kugeln formen und in die Förmchen setzen. 10 Minuten gehen lassen. Die kleinen Panettone auf der mittleren Schiene im Backofen 45 Minuten backen. Die Panettone mit Papier aus den Förmchen heben und mit restlichem Puderzucker bestäuben.

# Snacks & Pikantes

# Ciabatta
## mit Garnelen

Ideal zum Picknick oder als Lunchpaket: Die italienischen Brötchen in der Maxi-Version haben viel Platz für leckere Köstlichkeiten

### Zutaten

1 **Zucchino** · **Salz**

3 EL **Butter**

250 g **Garnelen** (küchenfertig)

**Pfeffer** aus der Mühle

1 Prise **Cayennepfeffer**



2 EL trockener **Wermut**

2 EL **Zitronensaft**

1 EL **Worcestershiresauce**

3 EL **Crème fraîche**

einige Blätter grüner **Salat**

2 kleine **Ciabatta-Brote**

### Zubereitung
FÜR 4 PERSONEN

1. Den Backofen auf 200 °C vorheizen.

2. Zucchino waschen, putzen, der Länge nach vierteln, die Kerne mit einem Teelöffel entfernen und den Zucchino der Länge nach in dünne Streifen schneiden, dann quer halbieren. Zucchinistreifen in kochendem Salzwasser 2 bis 3 Minuten blanchieren, abgießen und eiskalt abschrecken.

3. Die Butter in einer Pfanne erhitzen und die Garnelen darin 1 bis 2 Minuten kurz anbraten, mit Salz, Pfeffer und Cayennepfeffer würzen. Wermut, Zitronensaft, Worcestershiresauce und Crème fraîche hinzufügen. Alles bei mittlerer Hitze 3 bis 4 Minuten köcheln lassen. Mit Salz und Pfeffer abschmecken.

4. Inzwischen die Salatblätter waschen und trockenschleudern. Die Ciabatta-Brote im heißen Backofen kurz aufbacken, quer halbieren. Alle Hälften aushöhlen und das Ciabatta mit Salat, Zucchinistreifen und den Garnelen füllen.

**Die italienischen Brote lassen sich auf vielerlei Art füllen. Probieren Sie es auch einmal mit Parmaschinken, Mortadella, Tomaten, Rucola, Mozzarella, Cocktailtomaten oder Paprika.**

# Panini peperonata mit Mozzarella

Ofenfrisch und knusprig: Mit einer herzhaften Gemüse-Käse-Füllung verlocken die Brötchen so richtig zum Reinbeißen

## Zutaten

je ½ rote und gelbe **Paprikaschote**

50 g **Champignons**

½ **Knoblauchzehe**

2 EL **Olivenöl**

**Salz · Pfeffer** aus der Mühle

125 g **Mozzarella**

2 **Panini** (oder Ciabattabrötchen)

1–2 EL **Balsamico-Essig**

40 g **Pecorino**

1 TL **Schnittlauchröllchen**



## Zubereitung

FÜR 2 PERSONEN

1 Die Paprikaschoten waschen, der Länge nach halbieren, putzen und in fingerbreite Streifen schneiden. Die Champignons putzen, nicht waschen und in dicke Scheiben schneiden. Den Knoblauch sehr klein hacken.

2 In einer Pfanne 1 Esslöffel Olivenöl erhitzen, die Paprikastreifen darin bei milder Hitze etwa 3 Minuten andünsten. Die Pilze und den Knoblauch dazugeben und kurz mitdünsten. Mit Salz und Pfeffer würzig abschmecken.

3 Den Mozzarella abtropfen lassen und in Scheiben schneiden. Panini oder Ciabattabrötchen aufschneiden. Die untere Hälfte mit dem Mozzarella belegen. Das gebratene Gemüse darauf verteilen und mit Salz und Pfeffer würzen. Mit Balsamico-Essig sowie dem restlichen Olivenöl beträufeln.

4 Zum Schluss den Pecorino mit einem Sparschäler über das Gemüse hobeln, die Schnittlauchröllchen darauf streuen und die Brötchen zusammenklappen.

**Für die schnelle Variante eignet sich mariniertes Gemüse aus dem Glas. In Olivenöl eingelegte Pilze, Paprika, getrocknete Tomaten, Zucchini oder Auberginen passen sehr gut zu Panini und Mozzarella.**

# Ziegenkäse
## in Blätterteig

### Zubereitung
FÜR 4 PERSONEN

1 Die Blätterteigscheiben nebeneinander auftauen lassen. Zwiebeln schälen und der Länge nach in feine Spalten schneiden. Das Olivenöl erhitzen und die Zwiebeln 10 Minuten darin dünsten. Den Zucker dazugeben und karamellisieren lassen. Essig hinzufügen, mit Salz und Pfeffer würzen, 5 Minuten weiterdünsten.

2 Die Teigscheiben quer halbieren, sodass Quadrate entstehen. Mit einem Messer rundum 1 cm vom Rand tief einritzen, aber nicht durchschneiden, den Rand hochklappen und an den Ecken leicht andrücken. Den Backofen auf 200 °C vorheizen.

3 Die Zwiebeln in den Blätterteigquadraten verteilen. Ziegenkäse waagerecht halbieren und je 1 Hälfte auf die Zwiebeln legen.

4 Im vorgeheizten Backofen etwa 20 Minuten backen, bis die Ränder hoch aufgegangen und goldgelb sind. Mit Rucola und Walnüssen garnieren.

### Zutaten

2 rechteckige Platten **Tiefkühl-Blätterteig**

12 kleine rote **Zwiebeln**

2 EL **Olivenöl**

1 TL **Zucker**

1 EL **Balsamico-Essig**

**Salz** · **Pfeffer** aus der Mühle

2 kleine, runde **Ziegenkäse**

**Rucola** und **Walnusskerne** zum Garnieren

## Zutaten

200 g gekochter **Schinken**

1 **Schalotte**

2 EL **Weißwein**

½ **Knoblauchzehe**

½ TL **Thymianblättchen**

4 EL **Crème fraîche**

2 EL **Sahne**

**Salz** · **Pfeffer** aus der Mühle

6 Scheiben **Toastbrot**

**Kräuter** zum Garnieren (z. B. Basilikum, Schnittlauch, Borretschblüten)

# Schinkenmousse auf Toastdreiecken

## Zubereitung

FÜR 4–6 PERSONEN

1 Den Schinken klein schneiden. Die Schalotte schälen und in kleine Würfel schneiden. Den Weißwein erhitzen und die Schalotte darin weich dünsten. Den Knoblauch schälen und fein hacken.

2 Schinken, Schalottenwürfel, Knoblauch, Thymianblättchen und Crème fraîche mit dem Pürierstab oder im Mixer pürieren.

3 Die Sahne nach und nach dazugeben und alles zu einer geschmeidigen Masse mixen. Mit Salz und Pfeffer würzig abschmecken. Einige Zeit im Kühlschrank kalt stellen.

4 Das Toastbrot rösten und diagonal halbieren. Mit der Schinkenmousse bestreichen, mit den frischen Kräutern garnieren und sofort servieren.

# Insalata Caprese
## im Blätterteigquadrat

Basilikum, Mozzarella und Tomaten: Der Vorspeisenklassiker aus Italien wird diesmal warm in einer feinen Verpackung aus Blätterteig serviert

### Zutaten

300 g **Tiefkühl-Blätterteig**

1 **Eigelb**

700 g reife **Tomaten**

300 g **Mozzarella**

1 EL **Balsamico-Essig**

1 EL **Olivenöl**

**Salz · Pfeffer** aus der Mühle

½ TL getrockneter **Oregano**

2 EL **Basilikumblättchen** (fein geschnitten)

**Basilikumblätter** zum Garnieren



### Zubereitung

FÜR 6 STÜCK

1 Die Teigblätter nebeneinander legen und auftauen lassen. Dann übereinander legen und auf einer bemehlten Arbeitsfläche dünn ausrollen. 6 Rechtecke von etwa 8 x 10 cm Größe ausschneiden. Aus den Teigresten etwa 1 cm breite Streifen schneiden. Eigelb verquirlen und die Rechtecke mit dem Eigelb am Rand einstreichen, dann die Teigstreifen als Rand darauf setzen und leicht andrücken.

2 Die Tomaten waschen, Stielansätze entfernen und die Tomaten in Spalten schneiden. Den Mozzarella abtropfen lassen und in Scheiben schneiden. Den Backofen auf 225 °C vorheizen.

3 Tomaten und Mozzarella auf die Teigböden verteilen, jeweils mit einigen Tropfen Balsamico-Essig und Öl beträufeln, salzen, pfeffern und Oregano und Basilikum darüber streuen.

4 Im Backofen auf der unteren Schiene 15 bis 20 Minuten backen. Mit Basilikumblättchen garnieren und sofort servieren.

**Wenn Sie noch etwas geriebenen Parmesan auf die Füllung streuen, erhalten sie eine würzige Kruste. Mit klein geschnittenen schwarzen Oliven wird das Mittelmeer-Aroma noch intensiver.**

# Tramezzini
## mit Rucola und Tomaten

Der kleine Snack für zwischendurch: In jeder Bar in Italien gibt es zum Espresso diese Sandwichdreiecke mit einer leckeren Füllung

### Zutaten

Für 1 Sandwichbrot:

500 g **Mehl**

1 gehäufter TL **Salz**

6 EL **Milch**

30 g frische **Hefe**

**Olivenöl** für die Form

Für die Füllung:

50 g **Frischkäse**

1–2 EL **Milch**

1 Bund **Rucola**

4–6 getrocknete, in Öl eingelegte **Tomaten**

4 dünne Scheiben roher **Schinken**



### Zubereitung

FÜR 4 PERSONEN

1 Das Mehl in eine Schüssel sieben und mit dem Salz mischen. Eine Mulde in die Mitte drücken. Die Milch lauwarm erhitzen. Die Hefe zerbröckeln, mit der Milch verrühren und zum Mehl geben. Mit etwas Mehl verrühren. Die Schüssel abdecken und den Vorteig an einem warmen Ort 30 Minuten ruhen lassen.

2 Danach etwa ¼ l lauwarmes Wasser zugeben und alles zu einem glatten Teig kneten, der sich vom Schüsselrand löst. Weitere 45 Minuten gehen lassen. Den Backofen auf 220 °C vorheizen. Eine Kastenform (30 cm Kantenlänge) leicht einfetten. Den Teig nochmals durchkneten, in die Form geben und glatt streichen. Im Ofen auf der mittleren Schiene 15 Minuten backen, die Hitze auf 190 °C herunterschalten und 25 Minuten weiterbacken.

3 Für die Füllung den Frischkäse mit Milch glatt rühren. Rucola waschen, trockenschütteln und klein schneiden. Die Tomaten abtropfen lassen und klein schneiden.

4 Das Sandwichbrot in Scheiben schneiden. Alle Scheiben mit Frischkäse bestreichen. Die Hälfte der Scheiben mit Tomaten belegen, Schinken darauf legen und den Rucola darauf verteilen. Mit den restlichen Brotscheiben bedecken und diagonal halbieren.

**Sehr beliebt in Italien sind Thunfisch-Tramezzini. Dazu Thunfisch (im eigenen Saft) mit Mayonnaise, Crème fraîche und Kapern vermischen. Mit Zitronensaft, Salz und Pfeffer würzig abschmecken.**

# Herzhafte Schnecken
## mit Tomatenpesto

Eire ungewöhnliche Kreation für jede Gelegenheit:
Zarter Blätterteig wird mit einem würzigen Pesto kombiniert

### Zutaten

6 getrocknete, in Öl eingelegte **Tomaten**

1 **Knoblauchzehe**

1 EL **Olivenöl**

1 E_ **Pinienkerne**

3 EL geriebener **Parmesan**

250 g **Tiefkühl-Blätterteig**

1 **Eigelb**

1 EL **Milch**



### Zubereitung

FÜR 20 STÜCK

1 Die getrockneten Tomaten abtropfen lassen und fein hacken. Den Knoblauch schälen und fein hacken. Tomaten mit Knoblauch, Öl, Pinienkernen und 1 Esslöffel Parmesan im Mixer pürieren.

2 Den Blätterteig zu einem Rechteck von 15 x 35 cm ausrollen. Die Ränder mit einem scharfen Messer gerade schneiden. Die Teigplatte gleichmäßig mit dem roten Pesto bestreichen. Die Platte längs von beiden Seiten her zusammenrollen. Dabei möglichst fest rollen, damit der Teig beim Backen zusammenhält.

3 Die Rolle für 20 Minuten in den Kühlschrank legen und fest werden lassen. Den Backofen auf 200 °C vorheizen. Das Eigelb mit der Milch verrühren.

4 Die Teigrolle aus dem Kühlschrank nehmen, in etwa 1 cm dicke Scheiben schneiden und mit dem verquirlten Eigelb bestreichen. Im vorgeheizten Ofen in 10 Minuten knusprig backen. Das Gebäck sofort mit dem restlichen Parmesan bestreuen und auf einem Kuchengitter abkühlen lassen.

**Die Schnecken schmecken auch mit jeder Art von grünem Pesto sehr lecker. Mit tiefgekühltem Blätterteig und Pesto aus dem Glas sind sie der ideale Snack für überraschenden Besuch.**

# Kartoffelhörnchen
## mit Schafskäsefüllung

### Zubereitung
FÜR 24 STÜCK

**1** Die Kartoffeln schälen und in Salzwasser etwa 25 Minuten garen, abgießen und noch heiß durch eine Kartoffelpresse drücken.

**2** Mehl, Backpulver und Butter zu den Kartoffeln geben, mit Salz und Pfeffer würzen und alles rasch zu einem Teig verkneten. Den Teig in zwei Hälften teilen und auf einer bemehlten Arbeitsfläche jeweils etwa ½ cm dick ausrollen. Jede Teigplatte in 12 Dreiecke schneiden.

**3** Den Backofen auf 200 °C vorheizen. Schafskäse zerbröckeln und mit der Petersilie und etwas Pfeffer vermengen. Je 1 Teelöffel Schafskäse auf die breite Seite der Dreiecke geben und von dieser Seite aufrollen. Die Spitzen leicht andrücken.

**4** Die Hörnchen mit verquirltem Eigelb bestreichen und mit Sesamsamen bestreuen. Im Backofen in etwa 20 Minuten goldbraun backen.

### Zutaten

3 mittelgroße **Kartoffeln** · **Salz**

500 g **Mehl**

1 Päckchen **Backpulver**

125 g flüssige **Butter**

**Pfeffer** aus der Mühle

125 g **Schafskäse**

2 EL gehackte **Petersilie**

1 **Eigelb**

**Sesamsamen** zum Bestreuen

## Zutaten

100 g **Quark**

200 g **Mehl**

200 g **Butter**

2 **Eigelb**

**Salz**

200 g gekochter **Schinken**

200 g **Emmentaler**

# Quarkhörnchen
## mit Schinken und Käse

### Zubereitung
FÜR 4–6 PERSONEN

1 Quark, Mehl, Butter, 1 Eigelb und 1 Prise Salz zu einem glatten Teig verkneten. Den Teig zu einer Kugel formen und abgedeckt 1 bis 2 Stunden kalt stellen.

2 Den Backofen auf 170 °C vorheizen. Den Teig auf einer bemehlten Arbeitsfläche etwa 1 cm dick ausrollen. Mit einem Messer 10 x 10 cm große Quadrate ausschneiden und diagonal halbieren.

3 Auf die breite Seite der Dreiecke jeweils 1 Scheibe Schinken und Käse legen und zur Spitze hin aufrollen, dabei die Spitze unter die Hörnchen schieben.

4 Die Quarkhörnchen auf ein Backblech legen. Eigelb mit etwas Wasser verquirlen und die Hörnchen damit bestreichen. In 20 Minuten im vorgeheizten Backofen goldbraun backen. Abkühlen lassen und servieren.

# Bagels
## selbst gemacht

Der Teigkringel hat Hochkonjunktur: Ob dick oder dünn, süß oder salzig belegt, die Brötchen mit dem Loch in der Mitte schmecken nicht nur zum Frühstück

### Zutaten

500 g **Mehl**

1 Würfel **Hefe** (42 g)

1 TL **Zucker**

50 g **Butter**

**Salz**

1 **Eigelb**

**Sesam- oder Leinsamen** zum Bestreuen

### Zubereitung

FÜR 10–12 STÜCK

1 Das Mehl in eine Schüssel sieben und in die Mitte eine Mulde drücken. Die Hefe in 1/8 l warmem Wasser auflösen und in die Mulde gießen. Zucker darüber streuen. Die Hefe mit etwas Mehl verrühren und etwa 15 Minuten gehen lassen.

2 Die Butter schmelzen und abkühlen lassen. Mit 1 Teelöffel Salz und 1/8 l warmem Wasser zum Mehl geben und alles mit den Händen etwa 10 Minuten zu einem glatten Teig kneten. Zugedeckt an einem warmen Ort 1 Stunde gehen lassen, bis sich sein Volumen verdoppelt hat.

3 In einem großen Topf reichlich Salzwasser zum Kochen bringen. Backofen auf 200 °C vorheizen. Backblech mit Backpapier belegen.

4 Aus dem Teig 10 bis 12 Kugeln drehen, zu einem flachen Kreis formen und mit dem Zeigefinger oder dem Kochlöffelstiel in die Mitte ein großes Loch drücken. Teigringe portionsweise 1 bis 2 Minuten im siedenden Wasser ziehen lassen, herausheben, abtropfen lassen und auf das Backblech geben. Eigelb mit 1 Esslöffel Wasser verquirlen und die Bagels damit bestreichen. Nach Belieben mit Sesam- oder Leinsamen bestreuen.

5 Im Backofen in 20 bis 25 Minuten auf der mittleren Schiene goldbraun backen. Die Bagels etwas abkühlen lassen, mit einem Messer aufschneiden und nach Belieben belegen. Am besten schmecken sie, wenn sie noch ofenwarm sind.

# Hähnchen-Sandwich mit Avocado

## Zubereitung

FÜR 4 PERSONEN

1 Hähnchenbrustfilets abspülen, trockentupfen und mit Salz und Pfeffer einreiben. Butterschmalz in einer Pfanne erhitzen und die Hähnchenbrustfilets darin bei mittlerer Hitze von jeder Seite 5 bis 7 Minuten braten.

2 Avocado der Länge nach bis zum Kern einschneiden und teilen. Kern herauslösen. Die Avocado schälen und in kleine Würfel schneiden. Mit Zitronensaft beträufeln. Möhre schälen und fein raspeln. Frühlingszwiebeln putzen, waschen und in feine Ringe schneiden. Möhren, Frühlingszwiebeln und Avocado mit der Mayonnaise mischen. Mit Salz und Pfeffer würzen.

3 Das Brot toasten. Auf 4 Scheiben den Schinken legen, mit der Hälfte der Mayonnaise-Mischung bestreichen und je 1 Brotscheibe darauf legen. Salatblätter waschen, trockenschleudern und darauf verteilen. Hähnchenbrustfilets in dünne Scheiben schneiden. Auf die Salatblätter geben und die restliche Mayonnaise darauf verteilen. Mit restlichen Brotscheiben belegen und diagonal durchschneiden.

## Zutaten

400 g **Hähnchenbrustfilets**

**Salz** · **Pfeffer** aus der Mühle

1 EL **Butterschmalz**

1 **Avocado**

2 TL **Zitronensaft**

1 **Möhre**

1 **Frühlingszwiebeln**

6 EL **Mayonnaise**

12 Scheiben **Sandwichtoast**

4 Scheiben geräucherter oder gekochter **Schinken**

einige Blätter **Eisbergsalat**

## Zutaten

1 **Orange**

2 EL **Mayonnaise**

2 EL saure **Sahne**

½ TL **Sahnemeerrettich**

**Salz** · **Pfeffer** aus der Mühle

einige Blätter **Romanasalat**

4 **Sesambagels**

4 Scheiben **Räucherlachs**

roter **Pfeffer** und **Dill** zum Garnieren

# Räucherlachsbagel mit Orangen

## Zubereitung

FÜR 4 STÜCK

1 Die Orange so schälen, dass die weiße Haut mit entfernt wird. Mit einem spitzen Messer die Filets zwischen den Trennwänden herausschneiden, den Saft dabei auffangen.

2 Die Mayonnaise mit der sauren Sahne, dem Meerrettich und etwa 1 Teelöffel Orangensaft verrühren, sodass eine weiche Creme entsteht. Mit Salz und Pfeffer würzen. Die Salatblätter gründlich waschen und trockenschleudern.

3 Die Bagels aufschneiden. Jeweils die unteren Hälften mit der Creme bestreichen. Mit Salatblättern belegen und die Orangenfilets darauf verteilen. Je 1 Scheibe Räucherlachs darauf legen. Mit grob gemahlenem rotem Pfeffer bestreuen und nach Belieben mit Dill garnieren. Mit der oberen Bagelhälfte bedecken.

# Maismuffins

## mit Paprika

À la Tex-Mex: Die herzhafte Variante der beliebten Küchlein sorgt bei Ihren Gästen sicher für eine gelungene Überraschung

### Zutaten

je 1 kleine rote und grüne **Paprikaschote**

100 g **Maiskörner** (aus der Dose)

100 g **Mehl** · 150 g **Polentagrieß**

150 geriebener **Bergkäse**

2 ½ TL **Backpulver**

½ TL **Natron**

**Salz** · **Pfeffer** aus der Mühle

1 **Ei** · 60 ml **Maiskeimöl**

300 g **Naturjoghurt** oder **saure Sahne**

### Zubereitung

FÜR 12 STÜCK

1 Den Backofen auf 180 °C vorheizen. Die Vertiefungen der Muffinform einfetten oder Papierförmchen hineinsetzen.

2 Die Paprikaschoten putzen, waschen und in kleine Würfel schneiden. Die Maiskörner in einem Sieb abtropfen lassen.

3 Mehl, Polentagrieß, 100 g Bergkäse, Paprikawürfel, Mais, Backpulver und Natron gründlich vermischen. Mit Salz und Pfeffer kräftig würzen.

4 Das Ei verquirlen. Mit Öl und Joghurt oder saurer Sahne verrühren. Die Mehlmischung hinzufügen und kurz unterrühren.

5 Den Teig in die Muffinförmchen füllen und mit dem restlichen Käse bestreuen. Im Backofen 25 bis 30 Minuten backen. Die Muffins noch 5 Minuten ruhen lassen, aus den Förmchen nehmen und warm servieren.

**Wer die Maismuffins etwas schärfer mag, kann noch Chilipulver, Paprikapulver und/oder Tabascosauce dazugeben. Mit Polentagrieß werden die Muffins etwas körniger, mit Maismehl feiner.**

# Rezeptregister





# Impressum




2. Auflage 2003
ISBN 3-89883-033-0

**Grafische Gestaltung:** Georg Feigl, Verena Fleischmann, Barbara Markwitz
**Rezepte:** ZS-Team
**Redaktion:** Edelgard Prinz-Korte, Beate Pfeiffer
**Herstellung:** Karin Mayer, Peter Karg-Cordes
**Lithografie:** inteca Media Service GmbH, Rosenheim
**Druck & Bindung:** Officine Grafiche DeAgostini, Novara

Wir danken der Firma WMF für die großzügige Bereitstellung der Tisch- und Wohnaccessoires für die Fotoaufnahmen.


# Bildnachweis


Umschlagfotos: Walter Cimbal (Vorderseite); StockFood/Bayside (Rückseite rechts); Jo Kirchherr (Rückseite Mitte); StockFood/S. & P. Eising (Rückseite links)

Walter Cimbal: 23; Deutscher Kaffeeverband: 6 (3, 5); 7 (6); Jo Kirchherr (Styling Oliver Brachat): 10, 11 o., 12, 13, 15, 16, 17, 21, 25, 27, 33, 37, 50–51, 53, 59, 67, 69, 71, 79, 85, 87, 95; StockFood/Klaus Arras: 47; StockFood/Bayside: 34, 62, 83; StockFood/Uwe Bender: 19; StockFood/Anthony Blake: 2–3; StockFood/Caggiano Photography: 70; StockFood/Gregory Clark: 6 (1), 8 l.; StockFood/Michael Brauner: 89; StockFood/Jean Cazals: 43, 77; StockFood/Eising (M): 11 u., 73, StockFood/Susie Eising: 35, 42, 46, 74–75, 80, 81; StockFood/S. & P. Eising: 9 (3, 5, 6), 31, 39, 41, 61, 63, 65; StockFood/Bernd Euler: 9 (2), 22; StockFood/Wieder Frank: 56; StockFood/Douglas Johns: 91; StockFood/Nicolas Leser: 49; StockFood/Geoff Lung: 8 (1); StockFood/Riccardo Marcialis: 28–29, 45; StockFood/Karl Newedel: 7 (7); StockFood/Janne Peters: 7 (8); StockFood/Antje Plewinski: 88; StockFood/Peter Sachsenmaier: 6 (4); StockFood/Bodo Schieren: 9 (4); StockFood/Simon Smith: 55; StockFood/Studio Adna: 57; StockFood/Studio Bonisolli: 92; StockFood/Studio Eising: 4–5; StockFood/Martina Urban: 11 Mitte, 93; Altan Üze 6 (2).